Tipici Italiani
aggiunto
Cortesia
ZAFFERANO
AQUILOTTO
BURRO
Torre Annunziata
(Napoli)
Fondato nel 1876
Come evitare errori
Imu, chi deve ancora pagare
L'abitazione principale e la residenza
di Gino Pagliuca a pagina 7
Usa-Israele, tensione più alta. Ma l'

Les Pizzas de Maria Luisa

GIOVANNI GUIDA,
KARINE DUPREZ ET SÉBASTIEN YUS

PHOTOGRAPHIES : GUILLAUME CZERW
STYLISME : SOPHIE DUPUIS-GAULIER

maria luisa
maria luisa
maria luisa

Préface

Quand nous nous sommes rencontrés en 2000, nous habitions sur le canal Saint-Martin. Giovanni, originaire de Naples, qui était depuis quelques mois à Paris, servait dans un restaurant italien. Amoureux de ce quartier, nous avons décidé d'y concrétiser notre rêve en ouvrant une petite *trattoria* napolitaine.

En novembre 2001, **LA MADONNINA** ouvre ses portes rue Marie-et-Louise, et devient vite un premier succès...

À l'angle de la même rue, quand la boulangerie ferme, Giovanni rêve d'y installer une *pizzeria* comme à Naples, la ville de son enfance, le berceau de la pizza par excellence... Notre ami Sébastien nous rejoint dans cette nouvelle aventure, et la **MARIA LUISA** ouvre en mai 2006... Elle reçoit un très bel accueil dans le quartier, puis dans la presse, on apprécie l'endroit, la qualité des bons produits, les pizzas croustillantes, l'ambiance... Aujourd'hui, la **MARIA LUISA** est devenue un des lieux incontournables du canal Saint-Martin, la *pizzeria* ne désemplit pas... et fait le bonheur des petits comme des grands. Toujours classée dans le palmarès des meilleures pizzas de Paris, la **MARIA LUISA** a réussi à se faire un nom, ou plutôt un prénom !

Passionnés et heureux de ce succès, Giovanni et sa fidèle équipe ne se lassent pas de dénicher de nouvelles adresses...

Chaque ouverture est un grand moment de bonheur et d'émotion !

En février 2008, nous avons fêté l'ouverture de **LA BRICIOLA**, puis celle de **L'ALTRA** en mai 2011. Dernièrement, en mai 2013, notre première adresse rive gauche, en plein cœur de Saint-Germain-des-Prés, a vu le jour : la **LUISA MARIA**.

Aujourd'hui, nous sommes enchantés et émus de partager avec vous les recettes de la **MARIA LUISA**...

Buon appetito a tutti !

Karine Duprez

Sommaire

LES RECETTES DE BASE

La pâte à pizza ... 14
La sauce tomate ... 17
Les huiles parfumées ... 17
Huile d'olive au basilic ... 17
Huile d'olive au piment ... 17

LES ANTIPASTI

Le spritz ... 22
Antipasti misti ... 25
Insalata di polpo - salade de poulpe ... 26
Scamorza alla griglia & rucola - scamorza grillée & roquette ... 29
Involtini tricolore - involtini trois couleurs ... 30
Parmigiana di melanzane - gratin d'aubergines ... 33

LES PIZZAS ROUGES

Pizza marinara ... 36
Pizza napoletana ... 39
Pizza margherita ... 40
Pizza 4 stagioni ... 43
Pizza diavola ... 44
Pizza ricotta ... 47
Pizza scamorza ... 48
Pizza 4 formaggi ... 51
Pizza capricciosa ... 52
Pizza vegetariana ... 55
Pizza pancetta ... 56
Calzone napoletano ... 59

LES PIZZAS BLANCHES

Pizza parma bianca 60
Pizza bianca gorgonzola 63

LES PÂTES

Linguine alle vongole - linguine aux palourdes 68
Bucatini alla puttanesca - bucatini aux tomates, olives, câpres et anchois 71
Paccheri gorgonzola & radicchio - paccheri au gorgonzola et trévise 72
Orecchiette brocoli & pancetta - orecchiette au brocoli & pancetta 75
Cannelloni ripieni - cannellonis farcis 76

LES DESSERTS

Tiramisu classico 82
Panna cotta con frutti rossi - panna cotta aux fruits rouges 85
Crema di limone con frutti della passione - crème de citron aux fruits de Passion 86
Affogato' al caffè - glace vanille ou fior di latte & expresso 89
Torta di ricotta & pere - tarte ricotta & poires 90

Les recettes de base

La pâte à pizza

Ingrédients

Pour 1 pizza :

250 g de farine

1 pincée de sel fin

12,5 cl d'eau

1 pincée de levure de boulanger

Matériel

1 robot

1. Versez dans un récipient 12,5 cl d'eau, le sel, la levure et la farine.

2. Mélangez dans le bol d'un robot et faites tourner avec le crochet pendant environ 20 min jusqu'à obtenir une pâte lisse et homogène. La pâte ne doit pas être collante au toucher ; si besoin, saupoudrez légèrement de farine et mélangez à nouveau pendant environ 5 min.

3. Formez une boule et déposez le pâton sur un plat légèrement fariné, couvrez d'un torchon propre.

4. Laissez gonfler la pâte à température ambiante dans un endroit sec pendant 6 à 8 h.

5. Farinez votre plan de travail, étalez le pâton au rouleau. Nos *pizzaioli* étalent le pâton avec les mains, mais nous vous conseillons d'utiliser un rouleau à pâtisserie, afin d'obtenir une pâte plus fine et homogène.

Cuisson

Dans les fours de nos restaurants, qui sont à une température élevée d'environ 400 °C, nos pizzas cuisent en quelques minutes.

Dans les fours domestiques, dont la température maximale est de 250 °C, il faut compter environ 15 min de cuisson. Vous pouvez faire cuire votre pizza directement sur la plaque du four, ou dans un moule à tarte. Les bords de la pizza doivent être dorés et croustillants. Dégustez à la sortie du four.

La sauce Tomate

INGRÉDIENTS

Pour 1 pizza :

1 boîte de 400 g de tomates pelées de bonne qualité (marques De Cecco, La Torrente)

Quelques feuilles de basilic

1 cuil. à soupe d'huile d'olive de bonne qualité

1 pincée d'origan

Sel, poivre

1. Placez tous les ingrédients dans un récipient.
2. Mixez-les jusqu'à obtention d'une sauce tomate lisse et homogène. Cette sauce tomate ne nécessite pas de cuisson.

Astuce

Il est important de choisir des tomates pelées du Sud de l'Italie en provenance de San Marzano (Naples).

Les huiles parfumées

Nous utilisons des huiles parfumées pour l'assaisonnement des pizzas. Celles-ci se conservent longtemps et peuvent aussi servir dans votre cuisine quotidienne. Il est important de choisir une huile d'olive de très bonne qualité, pour profiter de toutes ses saveurs.

Huile d'olive au basilic

50 cl d'huile d'olive vierge extra

1 bouquet de basilic

1. Placez le bouquet de basilic dans une bouteille en verre équipée d'un bec verseur, puis recouvrez d'huile d'olive.
2. Laissez mariner quelques heures avant de l'utiliser afin que le parfum de basilic se diffuse.

Huile d'olive au piment

50 cl d'huile d'olive vierge extra

50 g de piments oiseau séchés

1. Placez les piments dans une casserole, faites-les revenir à sec 5 min à feu vif.
2. Versez l'huile d'olive dans la casserole.
3. Mixez l'huile et les piments.
4. Laissez refroidir, puis versez le mélange dans une bouteille en verre équipée d'un bec verseur. Ajoutez quelques piments non mixés.
5. Laissez mariner quelques heures avant d'utiliser votre huile piquante.

Les antipasti

Le spritz

Un cocktail très à la mode aujourd'hui, souvenir d'un week-end à Venise.

INGRÉDIENTS

Pour 1 personne :

Quelques glaçons

4 cl d'Aperol

1 tranche d'orange

10 cl de prosecco

2 cl d'eau Ferrarelle (facultatif)

1 olive verte

1. Mettez les glaçons dans un grand verre, puis versez l'Aperol, ajoutez 1 belle tranche d'orange et terminez en versant le prosecco.
2. Pour un cocktail plus léger, vous pouvez ajouter de l'eau minérale pétillante.
3. Décorez avec 1 olive piquée sur un cure-dent en bois.

Antipasti misti

Des légumes gorgés de soleil, grillés à l'huile d'olive : un incontournable du Sud de l'Italie.

Ingrédients

Pour 4 personnes :

- 2 courgettes
- 2 aubergines
- 2 poivrons rouges
- Huile d'olive
- Quelques feuilles de basilic
- Origan
- Sel, poivre

1. Préchauffez le four à 180 °C (th. 6).
2. Coupez les poivrons en deux, retirez le cœur et les pépins, placez-les dans un plat, enfournez-les pour 30 min, puis retirez la peau. Assaisonnez-les selon votre goût (huile d'olive, sel, poivre, origan).
3. Détaillez les courgettes en rondelles biseautées de 4 mm d'épaisseur. Sur une poêle gril légèrement huilée, faites-les griller de chaque côté environ 5 min. Assaisonnez-les.
4. Coupez les aubergines en tranches de 3 mm. Faites-les griller sur une poêle gril légèrement huilée environ 10 min de chaque côté. Assaisonnez-les.
5. Dressez séparément les légumes dans un plat, décorez avec des feuilles de basilic, et servez à température ambiante.

Variante

Vous pouvez accompagner ces légumes d'une boule de mozzarella di bufala ou d'une burrata. L'été, faites griller les légumes au barbecue ou à la plancha.

Insalata di polpo

SALADE DE POULPE

La spécialité par excellence de la côte amalfitaine,
un grand souvenir de mes vacances en famille à Positano ! (Giovanni)

INGRÉDIENTS

Pour 4 personnes :

- 4 pommes de terre charlotte
- 1 poulpe d'environ 700 g
- 1 oignon
- 1 branche de céleri
- 1 cuil. à soupe de vinaigre
- 2 échalotes
- 1 gousse d'ail
- ½ bouquet de persil plat
- 100 g de tomates cerise
- 2 citrons
- 25 cl d'huile d'olive
- 1 poignée de roquette
- Quelques feuilles de basilic
- Sel, poivre

1. Épluchez les pommes de terre et faites-les cuire à l'eau environ 15 min, piquez avec une fourchette pour vérifier la cuisson. Réservez.

2. Placez le poulpe dans une grande casserole, avec l'oignon coupé en quatre, la branche de céleri, un bouchon de liège (afin de retirer l'amertume du poulpe), le vinaigre, recouvrez d'eau et laissez cuire 30 min après ébullition.

3. Égouttez, rincez le poulpe, puis retirez la peau gélatineuse. Découpez-le en petits morceaux d'environ 2 cm, et laissez-le refroidir.

4. Émincez les échalotes, hachez l'ail et le persil, coupez les tomates cerise en petits dés, pressez les citrons et réservez.

5. Dans un saladier, placez le poulpe, les condiments et les tomates. Versez le jus de citron et l'huile d'olive. Assaisonnez et mélangez le tout. Placez au frais 1 h minimum.

6. Avant de servir, découpez les pommes de terre et intégrez-les délicatement dans la salade afin de ne pas les écraser.

7. Terminez avec la roquette et les feuilles de basilic.

Scamorza alla griglia & rucola

SCAMORZA GRILLÉE & ROQUETTE

Une entrée facile à improviser et rapide à réaliser. Nos amis l'adorent !
L'été, nous faisons griller les tranches de scamorza sur la plancha.

INGRÉDIENTS

Pour 4 personnes :

2 boules de scamorza

1 belle poignée de roquette

1 citron

Huile d'olive

Sel, poivre

1. Coupez les scamorza en rondelles d'environ 1 cm d'épaisseur afin d'obtenir 8 tranches.
2. Lavez la roquette, assaisonnez-la dans un récipient avec de l'huile d'olive, du sel et du poivre.
3. Faites chauffer une poêle légèrement huilée à feu vif, déposez-y les tranches de scamorza, et faites-les cuire 2 à 3 min de chaque côté. La scamorza doit être dorée et légèrement fondante.
4. Placez 2 tranches de scamorza dans chaque petite assiette et répartissez la roquette.

Involtini tricolore

INVOLTINI TROIS COULEURS

Petits rouleaux farcis à la ricotta, à servir en entrée avec quelques feuilles de roquette ou à l'apéro !

INGRÉDIENTS

Pour 4 personnes :

- 1 courgette
- 1 aubergine
- 1 poignée de pignons de pin
- Quelques feuilles de basilic
- 5 à 6 tomates séchées
- 250 g de ricotta
- 4 tranches de bresaola ou de spek
- 1 cuil. à soupe d'huile d'olive
- 30 cl d'huile d'arachide
- Sel, poivre

1. Lavez les légumes et coupez-les finement dans la longueur. Mettez-les dans une grande passoire, saupoudrez-les de sel et laissez-les dégorger 30 min. Rincez bien et égouttez sur du papier absorbant.
2. Faites dorer les pignons de pin dans une poêle sans matière grasse.
3. Coupez finement le basilic et les tomates séchées.
4. Une fois les légumes dégorgés, faites-les frire à la poêle dans l'huile d'arachide de chaque côté. Déposez-les sur du papier absorbant.
5. Dans un saladier, mélangez la ricotta avec l'huile d'olive, les tomates séchées, les pignons et le basilic. Salez et poivrez.
6. Disposez les tranches de légumes devant vous et déposez sur chacune une petite cuil. à soupe de la préparation à la ricotta. Roulez chaque tranche afin de former des petits rouleaux.
7. Déposez également de la farce sur les tranches de bresaola et roulez-les de la même façon.
8. Placez les *involtini* dans un plat en alternant les rouleaux.
9. Conservez au frais environ 30 min avant de déguster.

Variante

Pour une recette plus légère sans friture, vous pouvez faire griller les aubergines et les courgettes dans un plat au four, position gril ou, l'été, sur une plancha.

Parmigiana di melanzane

GRATIN D'AUBERGINES

Une entrée typique du Sud de l'Italie, que vous pouvez aussi servir en plat principal, accompagnée d'une belle salade de roquette. Délicieuse aussi froide !

INGRÉDIENTS

Pour 4 personnes :

- 1 kg d'aubergines
- 1 gousse d'ail
- 1 kg de tomates pelées concassées (en conserve de bonne qualité)
- 500 g de mozzarella fior di latte
- 1 l d'huile d'arachide
- Huile olive
- 1 bouquet de basilic
- Parmesan râpé
- Sel, poivre

1. Coupez les aubergines en rondelles de 5 mm d'épaisseur. Mettez-les dans une grande passoire, saupoudrez-les de sel et laissez-les dégorger 30 min. Rincez bien et égouttez sur du papier absorbant.

2. Faites chauffer l'huile d'arachide dans une grande poêle à feu vif. Mettez-y à frire les aubergines des deux côtés, en plusieurs fois si nécessaire. Elles doivent être colorées. Égouttez-les sur du papier absorbant, en le changeant régulièrement si besoin.

3. Dans une casserole, faites chauffer un peu d'huile d'olive avec la gousse d'ail entière et les tomates concassées, assaisonnez et laissez cuire doucement 20 min. Retirez la gousse d'ail.

4. Préchauffez le four à 180 °C (th. 6). Détaillez la mozzarella en dés de 2 cm, réservez dans un bol. Lavez et effeuillez le basilic.

5. Nappez le fond d'un plat à gratin d'une fine couche de sauce tomate, puis disposez en alternance les tranches d'aubergines, les cubes de mozzarella, la sauce tomate et les feuilles de basilic. Terminez par de la sauce tomate et saupoudrez d'une belle couche de parmesan râpé.

6. Enfournez pour 15 min minimum et plus si votre plat est profond, il faut que la mozzarella soit bien fondue.

7. Laissez reposer 10 min avant de servir.

Les pizzas

Pizza marinara

Une pizza simple et légère.

INGRÉDIENTS

Pour 1 pizza :

1 pâton (voir p. 14)

½ gousse d'ail

1 cuil. à soupe d'huile d'olive

1 louche de sauce tomate (voir p. 17)

1 pincée d'origan

Quelques feuilles de basilic

Farine

1. Préchauffez votre four à 250 °C (th. 8-9).
2. Écrasez la gousse d'ail dans l'huile d'olive. Réservez.
3. Saupoudrez votre plan de travail d'un voile de farine, étalez le pâton, et placez le disque de pâte sur la plaque de cuisson de votre four.
4. Recouvrez la pâte d'une couche généreuse de sauce tomate.
5. Ajoutez la pincée d'origan et l'huile d'olive aillée.
6. Enfournez pour environ 15 min.
7. À la sortie du four, décorez avec quelques feuilles de basilic.

Pizza napoletana

La pizza napolitaine par excellence !

INGRÉDIENTS

Pour 1 pizza :

- 1 pâton (voir p. 14)
- 1 louche de sauce tomate (voir p. 17)
- 4 anchois
- 5 olives noires
- 1 cuil. à café de câpres
- Quelques feuilles de basilic
- Farine

1. Préchauffez votre four à 250 °C (th. 8-9).
2. Saupoudrez votre plan de travail d'un voile de farine, étalez le pâton, et placez le disque de pâte sur la plaque de cuisson de votre four.
3. Recouvrez la pâte d'une couche généreuse de sauce tomate.
4. Disposez au-dessus les anchois, les olives noires et les câpres d'une façon harmonieuse.
5. Enfournez pour environ 15 min.
6. À la sortie du four, décorez avec quelques feuilles de basilic.

Pizza margherita

La préférée des Italiens, la plus simple mais aussi la plus réputée.

INGRÉDIENTS

Pour 1 pizza :

1 pâton (voir p. 14)

1 louche de sauce tomate (voir p. 17)

110 g de mozzarella fior di latte

1 cuil. à café de parmesan râpé

Quelques feuilles de basilic

Farine

1. Préchauffez votre four à 250 °C (th. 8-9).
2. Saupoudrez votre plan de travail d'un voile de farine, étalez le pâton, et placez le disque de pâte sur la plaque de cuisson de votre four.
3. Recouvrez la pâte d'une couche généreuse de sauce tomate.
4. Découpez la mozzarella en petits dés, puis répartissez-les sur la sauce tomate.
5. Saupoudrez de parmesan râpé.
6. Enfournez pour environ 15 min.
7. À la sortie du four, décorez avec quelques feuilles de basilic.

Variante

Pour les amateurs de mozzarella, vous pouvez ajouter, à la sortie du four, des tranches fines de mozzarella di bufala.

IERE DELLA SERA
Fondato nel 1876
www.corriere.it
Telefonini
Come evitare errori
Imu, chi deve ancora pagare
a trova l'accordo per l'attacco

Pizza 4 stagioni

Quatre saveurs différentes sur une même pizza...
Parfaite pour une famille où les goûts diffèrent : chacun sa part !

INGRÉDIENTS

Pour 1 pizza :

1 pâton (voir p. 14)

2 champignons de Paris

1 tranche de jambon blanc

2 artichauts violets grillés en bocal

1 louche de sauce tomate (voir p. 17)

2 anchois

4 olives noires

110 g de mozzarella fior di latte

Quelques feuilles de basilic

Farine

1. Préchauffez votre four à 250 °C (th. 8-9).
2. Émincez les champignons, le jambon et détaillez les artichauts en morceaux.
3. Saupoudrez votre plan de travail d'un voile de farine, étalez le pâton, et placez le disque de pâte sur la plaque de cuisson de votre four.
4. Recouvrez la moitié de la pâte d'une fine couche de sauce tomate.
5. Sur la partie recouverte de sauce tomate, placez sur un premier quart le jambon émincé ; sur le deuxième quart, les anchois et les olives.
6. Sur la partie sans sauce tomate, disposez sur un quart les champignons émincés, et sur le dernier quart les artichauts.
7. Parsemez les trois quarts de la pizza de mozzarella en évitant le quart recouvert d'olives et d'anchois.
8. Enfournez pour 15 min.
9. À la sortie du four, décorez avec quelques feuilles de basilic.

Pizza diavola

Piquante et relevée. Une de nos pizzas les plus plébiscitées.

INGRÉDIENTS

Pour 1 pizza :

1 pâton (voir p. 14)

1 louche de sauce tomate (voir p. 17)

110 g de mozzarella fior di latte

4 tranches de saucisson pimenté italien de qualité

1 cuil. à café de parmesan râpé

Quelques feuilles de basilic

Farine

1. Préchauffez votre four à 250 °C (th. 8-9).
2. Saupoudrez votre plan de travail d'un voile de farine, étalez le pâton, et placez le disque de pâte sur la plaque de cuisson de votre four.
3. Recouvrez la pâte d'une couche généreuse de sauce tomate.
4. Découpez la mozzarella en petits dés, puis répartissez-les sur la sauce tomate.
5. Disposez dessus les tranches de saucisson.
6. Saupoudrez de parmesan râpé.
7. Enfournez pour environ 15 min.
8. À la sortie du four, décorez avec quelques feuilles de basilic.

LES PIZZAS ROUGES

Pizza ricotta

Une pizza qui mélange harmonieusement les deux fromages les plus réputés d'Italie : la mozzarella et la ricotta.

Pour 1 pizza :

- 1 pâton (voir p. 14)
- 1 louche de sauce tomate (voir p. 17)
- 110 g de mozzarella fior di latte
- 2 cuil. à soupe de ricotta
- 4 tomates cerise
- Quelques feuilles de basilic
- Farine

1. Préchauffez votre four à 250 °C (th. 8-9).
2. Saupoudrez votre plan de travail d'un voile de farine, étalez le pâton, et placez le disque de pâte sur la plaque de cuisson de votre four.
3. Recouvrez la pâte d'une bonne couche de sauce tomate.
4. Découpez la mozzarella en petits dés, puis répartissez-les sur la sauce tomate.
5. Éparpillez la ricotta par petites quantités.
6. Coupez les tomates cerise en quatre et disposez-les harmonieusement sur la pizza.
7. Enfournez pour environ 15 min.
8. À la sortie du four, décorez avec quelques feuilles de basilic.

Pizza scamorza

Hummmm... Vous allez apprécier le goût fumé de la scamorza – un fromage que nous affectionnons tout particulièrement !

INGRÉDIENTS

Pour 1 pizza :

1 pâton (voir p. 14)

½ courgette

1 louche de sauce tomate (voir p. 17)

110 g de mozzarella fior di latte

3 tranches de scamorza

1 cuil. à soupe d'huil e d'olive

Farine

Sel, poivre

Origan

1. Préchauffez votre four à 250 °C (th. 8-9).
2. Lavez la ½ courgette, coupez-la en rondelles. Faites revenir les rondelles dans une poêle légèrement huilée, salez, poivrez et ajoutez 1 pincée d'origan.
3. Saupoudrez votre plan de travail d'un voile de farine, étalez le pâton, et placez le disque de pâte sur la plaque de cuisson de votre four.
4. Recouvrez la pâte d'une bonne couche de sauce tomate.
5. Découpez la mozzarella en petits dés, puis répartissez-les sur la sauce tomate.
6. Disposez les rondelles de courgette et les tranches de scamorza.
7. Enfournez pour environ 15 min.

BOSNI
Bari
Vins
(de l'Italie Méridiona
Ofanto
Bradano
Mt. Vésuve
Salerne
Potenza
Basento
Tarente
Castellammare
G.de Naples
I.de Capri (I.)
Huître
Vins de Capri
G.de Salerne
BASILICATE
G.de Ta
Policastro
Pêche du Corail
(sur les côtes de l'Italie Méridionale)
Monts
de Calabre
G.de Policastro
Rossano

Pizza 4 formaggi

Riche, goûteuse et fondante, une pizza pour les amateurs de fromages de caractère.

INGRÉDIENTS

Pour 1 pizza :

1 pâton (voir p. 14)

1 louche de sauce tomate (voir p. 17)

110 g de mozzarella fior di latte

50 g de scamorza

50 g de taleggio

50 g de gorgonzola

30 g de parmesan râpé

Farine

1. Préchauffez votre four à 250 °C (th. 8-9).
2. Saupoudrez votre plan de travail d'un voile de farine, étalez le pâton, et placez le disque de pâte sur la plaque de cuisson de votre four.
3. Recouvrez la pâte d'une bonne couche de sauce tomate.
4. Détaillez la mozzarella en petits dés. Découpez de même la scamorza et le taleggio.
5. Émiettez le gorgonzola en petits morceaux et roulez-les dans le parmesan râpé. Réservez les fromages séparément.
6. Répartissez les dés de mozzarella sur la sauce tomate, puis garnissez votre pizza de chaque fromage.
7. Saupoudrez du parmesan râpé restant.
8. Enfournez pour environ 15 min.

Variante

Cette pizza peut aussi se décliner en pizza blanche, sans sauce tomate.

Pizza capricciosa

La « capricieuse » mélange en toute harmonie des produits simples aux valeurs sûres : artichauts, jambon, champignons, olives...

INGRÉDIENTS

Pour 1 pizza :

1 pâton (voir p. 14)

1 tranche de jambon blanc

2 petits artichauts violets en bocal

2 champignons de Paris

1 louche de sauce tomate (voir p. 17)

110 g de mozzarella fior di latte

5 olives noires

Quelques feuilles de basilic

Farine

1. Préchauffez votre four à 250 °C (th. 8-9).
2. Détaillez le jambon blanc en petits dés, émincez les champignons et les artichauts. Réservez.
3. Saupoudrez votre plan de travail d'un voile de farine, étalez le pâton, et placez le disque de pâte sur la plaque de cuisson de votre four.
4. Recouvrez la pâte d'une généreuse couche de sauce tomate.
5. Découpez la mozzarella en petits dés et répartissez-en la moitié sur la sauce tomate.
6. Disposez les champignons, les artichauts, le jambon et les olives noires.
7. Recouvrez votre pizza des dés de mozzarella restants.
8. Enfournez pour environ 15 min.
9. À la sortie du four, décorez avec quelques feuilles de basilic, de tomates cerise et de roquette.

Pizza vegetariana

Une pizza parfaite pour les végétariens, colorée et gorgée de soleil !

INGRÉDIENTS

Pour 1 pizza :

1 pâton (voir p. 14)

½ aubergine

½ courgette

½ poivron rouge

2 petits artichauts violets en bocal

2 champignons de Paris

1 louche de sauce tomate (voir p. 17)

110 g de mozzarella fior di latte

Quelques feuilles de basilic

Huile d'olive

Farine

Sel, poivre

Origan

1. Préchauffez votre four à 250 °C (th. 8-9). Découpez l'aubergine et la courgette en rondelles sans les éplucher. Émincez les champignons et les artichauts, détaillez le poivron en lamelles.
2. Dans une poêle huilée, faites revenir séparément l'aubergine, la courgette et enfin le poivron 5 min environ. Assaisonnez avec du sel, du poivre et 1 pincée d'origan.
3. Saupoudrez votre plan de travail d'un voile de farine, étalez le pâton, et placez le disque de pâte sur la plaque de cuisson de votre four.
4. Recouvrez la pâte d'une bonne couche de sauce tomate.
5. Découpez la mozzarella en petits dés et répartissez-en la moitié sur la sauce tomate.
6. Disposez harmonieusement les légumes grillés, les champignons et les artichauts.
7. Recouvrez des dés de mozzarella restants.
8. À la sortie du four, décorez de basilic.

Pizza pancetta

Une pizza idéale pour les amateurs de salumi italiani *(charcuterie italienne).*

INGRÉDIENTS

Pour 1 pizza :

1 pâton (voir p. 14)

1 louche de sauce tomate (voir p. 17)

110 g de mozzarella fior di latte

4 champignons de Paris

5 tranches fines de pancetta

1 cuil. à café de parmesan râpé

Farine

1. Préchauffez votre four à 250 °C (th. 8-9).
2. Saupoudrez votre plan de travail d'un voile de farine, étalez le pâton, et placez le disque de pâte sur la plaque de cuisson de votre four.
3. Recouvrez la pâte d'une généreuse couche de sauce tomate.
4. Découpez la mozzarella en petits dés, puis répartissez-les sur la sauce tomate.
5. Émincez les champignons et disposez-les sur la pizza.
6. Placez au-dessus les tranches de pancetta.
7. Saupoudrez de parmesan râpé.
8. Enfournez pour environ 15 min.

Calzone napoletano

Toutes les saveurs de mon enfance...
je l'adore, il me rappelle tant de souvenirs !

INGRÉDIENTS

Pour 1 pizza :

1 pâton (voir p. 14)

1 louche de sauce tomate (voir p. 17)

110 g de mozzarella fior di latte

4 tranches de saucisson pimenté italien

50 g de ricotta

20 g de parmesan râpé

Quelques feuilles de basilic

1 cuil. à soupe d'huile d'olive

Farine

1. Préchauffez votre four à 250 °C (th. 8-9).
2. Étalez le pâton sur votre plan de travail légèrement fariné, puis placez le disque de pâte sur la plaque de cuisson de votre four.
3. Recouvrez la moitié de la pâte de sauce tomate en laissant un bord d'environ 1 cm.
4. Découpez la mozzarella en petits dés, puis répartissez-les sur la sauce tomate, avec les tranches de saucisson et la ricotta émiettée.
5. Repliez la partie blanche sur la partie garnie afin de former votre calzone. Soudez les bords de façon hermétique.
6. Étalez une fine couche de sauce tomate sur le dessus du calzone et saupoudrez de parmesan râpé.
7. Enfournez le calzone pour 15 min.
8. À la sortie du four, décorez de feuilles de basilic et versez dessus un filet d'huile d'olive.

Pizza parma bianca

La pizza blanche permet d'apprécier les produits bruts, dans toute leur simplicité… Il est donc important de choisir des ingrédients de bonne qualité.

INGRÉDIENTS

Pour 1 pizza :

- 1 pâton (voir p. 14)
- 50 g de tomates cerise
- 110 g de mozzarella fior di latte
- 20 g de parmesan
- 50 g de roquette
- 4 fines tranches de jambon de Parme
- 1 cuil. à soupe d'huile d'olive
- Farine

1. Préchauffez votre four à 250 °C (th. 8-9).
2. Découpez les tomates cerise en deux et la mozzarella en petits dés.
3. Réalisez des copeaux de parmesan à l'aide d'un économe.
4. Saupoudrez votre plan de travail d'un voile de farine, étalez le pâton, et placez le disque de pâte sur la plaque de cuisson de votre four.
5. Répartissez les dés de mozzarella et les tomates cerise sur la pizza.
6. Enfournez la pizza pour 15 min.
7. À la sortie du four, garnissez votre pizza de roquette et disposez dessus les tranches de jambon de Parme.
8. Répartissez enfin les copeaux de parmesan et versez un filet d'huile d'olive.

Variante

Vous pouvez remplacer le jambon de Parme par de la bresaola.

PIZZA DEL GIORNO
Parma Bianca
PESCE

Pizza bianca gorgonzola

Une pizza au bon goût du gorgonzola et de roquette.

INGRÉDIENTS

Pour 1 pizza :

1 pâton (voir p. 14)

50 g de tomates cerise

110 g de mozzarella fior di latte

50 g de gorgonzola

50 g de roquette

Farine

1. Préchauffez votre four à 250 °C (th. 8-9).
2. Découpez les tomates cerise en deux, la mozzarella et le gorgonzola en petits dés.
3. Étalez le pâton sur votre plan de travail légèrement fariné, puis placez le disque de pâte sur la plaque de cuisson de votre four.
4. Répartissez la roquette sur la pizza.
5. Recouvrez le tout de dés de mozzarella.
6. Placez les tomates cerise et le gorgonzola.
7. Enfournez la pizza pour 15 min.

maria luisa

Les pâtes

Linguine alle vongole

LINGUINE AUX PALOURDES

Un plat classique et indémodable de la côte amalfitaine. Il en existe de nombreuses variantes, avec ou sans tomates, avec ou sans vin blanc...

INGRÉDIENTS

Pour 4 personnes :

500 g de linguine de qualité

1 kg de palourdes fraîches

1 bouquet de persil plat

3 gousses d'ail

150 g de tomates cerise

2 cuil. à soupe d'huile d'olive

1 piment oiseau séché

10 cl de vin blanc de table

Sel, poivre

1. Lavez soigneusement les palourdes et laissez-les tremper environ 30 min.
2. Hachez finement le persil, les gousses d'ail, et coupez en deux les tomates cerise.
3. Portez à ébullition une grande quantité d'eau salée, et faites cuire les linguine al dente.
4. Dans une grande poêle, faites chauffer l'huile d'olive, ajoutez les tomates, l'ail, le piment et les palourdes.
5. Quand les coquillages s'ouvrent, incorporez le vin blanc et la moitié du persil, poivrez, salez très légèrement car les palourdes rejettent de l'eau de mer. Faites revenir le tout environ 3 min.
6. Versez les linguine al dente dans la poêle, et mélangez le tout délicatement.
7. Servez bien chaud, saupoudré du persil restant.

Petits trucs

Il est important de choisir des pâtes italiennes de bonne qualité, de marques italiennes de préférence. Pour obtenir des pâtes al dente, plus digestes, stoppez la cuisson 3 min avant le temps indiqué sur le paquet.

Bucatini alla puttanesca

Bucatini aux tomates, olives, câpres et anchois

C'est la recette de pâtes « de placard » en Italie, facile à improviser sans faire de courses !

Ingrédients

Pour 4 personnes :

500 g de bucatini

2 gousses d'ail

500 g de tomates *pomodorini di collina*

50 g de câpres

1 piment séché

100 g d'olives noires

4 anchois

2 cuil. à soupe d'huile d'olive

Sel, poivre

Quelques feuilles de basilic

1. Dans une sauteuse, faites chauffer l'huile d'olive, puis mettez-y l'ail haché. Dès qu'il commence à prendre couleur, ajoutez les tomates, les câpres, le piment et les olives. Salez légèrement, les câpres et les anchois étant déjà salés.
2. Couvrez et laissez cuire environ 30 min à petit feu.
3. Portez à ébullition une grande quantité d'eau salée et faites cuire les pâtes al dente.
4. Pendant que les pâtes cuisent, intégrez dans la sauteuse les anchois découpés en petits morceaux.
5. Égouttez les pâtes, versez-les dans la sauteuse et mélangez le tout à feu vif pendant quelques secondes.
6. Décorez avec des feuilles de basilic avant de servir.

Paccheri gorgonzola & radicchio

PACCHERI AU GORGONZOLA ET TRÉVISE

Une belle recette hivernale où l'on savoure l'amertume de la trévise et le crémeux du gorgonzola. Difficile d'y résister...

INGRÉDIENTS

Pour 4 personnes :

500 g de paccheri

2 salades trévise

1 oignon rouge

1 petit bouquet de persil plat

50 g de lard de Colonnata

1 cuil. à café de sucre

50 cl de vin rouge chianti

100 g de gorgonzola

20 cl de crème liquide

2 cuil. à soupe d'huile d'olive

1. Nettoyez et émincez les salades en retirant les premières feuilles. Réservez 4 jolies feuilles entières pour décorer chaque assiette.

2. Hachez finement l'oignon et le persil, réservez.

3. Dans une grande sauteuse, faites revenir, dans l'huile d'olive, le lard à feu doux, ajoutez l'oignon haché, puis, quand le mélange commence à colorer, versez le sucre et le vin rouge.

4. Portez à ébullition, ajoutez la salade émincée, et laissez réduire le tout pendant environ 30 min.

5. Portez à ébullition une grande quantité d'eau salée et faites cuire les pâtes al dente.

6. Pendant ce temps, au bain-marie, faites fondre le gorgonzola et 10 cl de crème. Réservez.

7. Intégrez les pâtes dans la sauteuse, ainsi que le reste de la crème, mélangez le tout à feu doux pendant quelques minutes.

8. Dressez les pâtes dans des assiettes individuelles, puis versez sur chaque assiette une petite louche du mélange gorgonzola-crème.

9. Décorez avec les feuilles de trévise réservées et parsemez de persil plat haché.

Orecchiette brocoli & pancetta

ORECCHIETTE AU BROCOLI & PANCETTA

Le mariage du brocoli et de la pancetta, avec ou sans crème... c'est un délice !

INGRÉDIENTS

Pour 4 personnes :

500 g d'orecchiette

700 g de brocoli

200 g de pancetta

1 gousse d'ail

1 piment oiseau

2 cuil. à soupe d'huile d'olive

10 cl de vin blanc

10 cl de crème liquide

Sel, poivre

50 g de parmesan en copeaux

1. Lavez le brocoli, coupez et retirez le pied et séparez les têtes en petits bouquets. Détaillez la pancetta en petits dés, et réservez.

2. Portez à ébullition une grande quantité d'eau salée et faites-y cuire les fleurettes de brocoli 4 à 5 min, puis sortez-les avec une écumoire afin de ne pas les écraser. Réservez-les dans un récipient avec quelques glaçons, elles garderont ainsi leur couleur bien verte. Conservez l'eau de cuisson pour faire cuire les pâtes.

3. Portez l'eau de cuisson du brocoli à ébullition et faites-y cuire les orecchiette al dente.

4. Dans une poêle, faites revenir à feu vif la gousse d'ail entière et le piment finament haché dans l'huile d'olive, ajoutez la pancetta et laissez dorer quelques minutes.

5. Intégrez les fleurettes de brocoli. Versez le vin blanc et, une fois qu'il est évaporé, ajoutez la crème.

6. Égouttez les pâtes et versez-les dans la poêle. Mélangez le tout délicatement quelques minutes sur le feu.

7. Avant de servir, retirez la gousse d'ail, assaisonnez avec du sel et du poivre. Parsemez chaque assiette de copeaux de parmesan.

Variante

Pour une version plus légère, réalisez cette recette sans crème.

Cannelloni ripieni

CANNELLONIS FARCIS

*J'aime préparer des pâtes gratinées au four quand je reçois des amis.
Comme ça se prépare à l'avance, cela évite de rester devant les fourneaux quand les amis sont là...
Et c'est encore meilleur le lendemain, s'il en reste !*

INGRÉDIENTS

Pour 4 personnes :

500 g de cannellonis

1 carotte

1 oignon

1 branche de céleri

500 g de viande hachée de veau

10 cl de vin blanc

1 poignée de persil plat

250 g de ricotta

1 œuf

50 g de parmesan râpé

2 cuil. à soupe d'huile d'olive

Noix muscade

Sel, poivre

La farce

1. Hachez finement la carotte, le céleri et l'oignon.
2. Dans une sauteuse, faites-les revenir quelques minutes dans l'huile d'olive.
3. Ajoutez la viande hachée, laissez revenir encore 10 min, puis versez le vin blanc. Intégrez le persil haché en fin de cuisson.
4. Laissez refroidir la préparation dans un récipient, puis incorporez la ricotta, l'œuf et le parmesan râpé. Assaisonnez avec du sel, du poivre et de la noix muscade.
5. Mélangez bien cette farce afin d'obtenir un mélange *homogène.*

La sauce tomate

1. Faites dorer à la poêle les gousses d'ail pelées, entières, dans de l'huile d'olive et ajoutez les tomates pelées.
2. Laissez cuire à feu doux, à couvert, pendant environ 30 min. Assaisonnez avec le cube de bouillon de légumes émietté, puis mixez la préparation afin d'obtenir une sauce tomate homogène.
3. Ajoutez 1 pincée de sel, 1 pincée de sucre (en dernier, pour enlever l'acidité), et pour finir le basilic haché.
4. Intégrez, si vous le désirez, la crème liquide.

Pour la sauce tomate

1 kg de tomates pelées

4 gousses d'ail

1 cube de bouillon de légumes

1 pincée de sucre

Quelques feuilles de basilic

20 cl de crème liquide (facultatif)

Huile d'olive

Sel, poivre

Pour les cannellonis

1 poignée de persil plat haché

50 g de parmesan

Les cannellonis

1. Préchauffez votre four à 200 °C (th. 6-7).
2. Remplissez les cannellonis avec la farce ricotta-viande à l'aide d'une poche à douille ou d'une petite cuillère.
3. Rangez-les dans un plat à gratin et recouvrez-les aux trois quarts de sauce tomate.
4. Ajoutez une poignée de persil haché et saupoudrez de parmesan.
5. Recouvrez votre plat d'une feuille de papier d'aluminium et enfournez pour 15 min.
6. Retirez le papier d'aluminium, et laissez cuire 5 min supplémentaires.
7. À la sortie du four, laissez reposer 2 à 3 min avant de servir.

Les desserts

Tiramisu classico

Un classique qu'on ne présente plus !

INGRÉDIENTS

Pour 4 personnes :

- 6 œufs
- 200 g de sucre
- 250 g de mascarpone
- 25 cl de café expresso
- 5 cl de Marsala ou d'Amaretto
- 1 paquet de biscuits à la cuillère
- 2 cuil. à soupe de cacao amer en poudre

1. Séparez les blancs des jaunes d'œufs. Dans un récipient, mélangez au batteur électrique les jaunes avec le sucre afin de les blanchir.
2. Intégrez le mascarpone, fouettez bien l'ensemble, puis réservez au frais.
3. Montez les blancs d'œufs en neige très ferme.
4. Incorporez délicatement les blancs en neige à la première préparation.
5. Préparez le café expresso et ajouter le Marsala ou l'Amaretto. Trempez légèrement les biscuits dans le café et rangez-les au fond de chaque verrine afin de former une première couche de biscuits.
6. Recouvrez les biscuits d'une couche d'environ 2 cm de crème au mascarpone. Alternez les couches biscuits et crème de mascarpone en finissant par de la crème.
7. Placez au frais pour 2 h minimum. Saupoudrez de cacao amer en poudre avant de servir.

Variante

Pour un tiramisu plus aérien, nous utilisons parfois de petits biscuits italiens, les Pavesini, qui ressemblent aux langues de chat.

Panna cotta con frutti rossi

PANNA COTTA AUX FRUITS ROUGES

Un de nos desserts les plus plébiscités par nos clients !
Certains auraient traversé tout Paris pour elle !

INGRÉDIENTS

Pour 4 personnes :

Pour la crème

2 gousses de vanille

2 ½ feuilles de gélatine qualité or (5 g)

30 cl de crème fleurette

20 cl de lait demi-écrémé

50 g de sucre

Pour le coulis de fruits rouges

125 g de framboises
+ 125 g de fraises
+ 125 g de mûres ou cassis
(ou un mélange congelé)

100 g de sucre en poudre

1. Fendez les gousses de vanille en deux dans la longueur, grattez l'intérieur pour y extraire les graines.
2. Mettez à ramollir la gélatine dans un bol rempli d'eau froide.
3. Dans une casserole, faites chauffer sans laisser bouillir la crème fleurette, le lait, le sucre et les graines de vanille.
4. Hors du feu, incorporez au mélange chaud les feuilles de gélatine après les avoir essorées entre vos mains. Mélangez le tout avec une cuillère en bois pendant environ 3 min.
5. Versez 1 louche de crème dans chaque verrine en laissant 2 cm au-dessus pour le coulis de fruits rouges.
6. Laissez refroidir, puis placez au frais 1 nuit.
7. Pour le coulis, mixez la moitié des fruits rouges avec le sucre. Réservez au frais. Conservez l'autre moitié des fruits rouges pour décorer vos verrines.
8. Au moment de servir, versez le coulis de fruits rouges sur les panna cotta et décorez avec quelques fruits rouges frais.

Variante : panna cotta au caramel

Pour réaliser votre caramel, versez 100 g de sucre et 2 cuil. à soupe d'eau dans une casserole et faites bouillir jusqu'à obtention d'un caramel doré. Hors du feu, versez 10 cl de crème liquide en fouettant vigoureusement, ajoutez 2 pincées de sel et laissez refroidir sur le plan de travail.

Crema di limone con frutti della passione

CRÈME DE CITRON AUX FRUITS DE LA PASSION

Un dessert de choix pour ceux qui aiment l'acidulé du citron.

INGRÉDIENTS

Pour 4 personnes :

2 citrons non traités

2 feuilles de gélatine qualité or (4 g)

30 cl de crème liquide

75 g de sucre

2 fruits de la Passion

1. Prélevez le zeste des citrons avec une râpe, puis pressez-les. Réservez le zeste et le jus.
2. Mettez à ramollir les feuilles de gélatine dans un bol rempli d'eau froide.
3. Dans une casserole, faites chauffer sans laisser bouillir la crème liquide et le sucre.
4. Incorporez le jus et le zeste des citrons ainsi que les feuilles de gélatine après les avoir essorées entre vos mains.
5. Laissez cuire 5 min sans faire bouillir, puis passez le mélange dans une passoire étamine fine afin de retirer le zeste de citron.
6. Versez la préparation dans des ramequins, laissez refroidir sur le plan de travail, puis placez au frais 10 h minimum.
7. Avant de servir, décorez chaque ramequin avec les graines d'½ fruit de la Passion.

Variante

Vous pouvez remplacer les fruits de la Passion par des fraises ou des framboises.

il caffe

Affogato' al caffè

GLACE VANILLE OU FIOR DI LATTE & EXPRESSO

Un dessert facile à improviser, simple et efficace !

INGRÉDIENTS

Pour 4 personnes :

8 boules de glace vanille ou de fior di latte

4 expresso, ou café de qualité

4 cl de liqueur de café

16 grains de café

1. Placez 2 boules de glace dans chaque ramequin.
2. Faites couler dessus 1 expresso chaud.
3. Ajoutez la liqueur, et décorez avec les grains de café.

Torta di ricotta & pere

TARTE RICOTTA & POIRES

Une tarte typique de la côte amalfitaine.

INGRÉDIENTS

Pour 4 personnes :

Pour la pâte

50 g de beurre

90 g de noisettes

30 g de farine T00

3 œufs

65 g de sucre

1 pincée de sel

Pour la crème à la ricotta

15 cl de crème fleurette

400 g de ricotta

150 g de sucre

1 gousse de vanille ou 1 sachet de sucre vanillé

Pour la garniture

2 poires

50 g de sucre

Le jus de ½ citron

La pâte

1. Faites fondre le beurre au bain-marie, puis laissez-le refroidir. Préchauffez le four à 180 °C (th. 6).

2. Mixez les noisettes avec la farine afin d'obtenir un mélange homogène.

3. Séparez les blancs des jaunes d'œufs. Montez les blancs en neige avec le sucre, puis incorporez délicatement la farine aux noisettes, les jaunes, puis le beurre fondu.

4. Dans un moule à cheesecake beurré et fariné (d'environ 22 cm de diamètre), étalez la moitié de la pâte sur 1 cm d'épaisseur et enfournez pour environ 15 min jusqu'à obtenir une pâte colorée. Répétez l'opération afin d'avoir 2 disques.

La crème à la ricotta

5. Montez la crème au fouet électrique. Réservez.

6. Fouettez la ricotta, le sucre, les graines extraites de la gousse de vanille. Incorporez la crème et mélangez délicatement.

La garniture

7. Épluchez les poires et coupez-les en petits dés.

8. Dans une poêle avec l'huile d'olive, faites chauffer les poires, le sucre et le jus de citron. Laissez cuire environ 5 min à feu moyen. Ajoutez la fécule, poursuivez la cuisson 2 min. Versez la liqueur. Retirez du feu et réservez.

1 cuil. à café de fécule de maïs

2 cl de liqueur de poires ou de rhum

1 cuil. à soupe d'huile d'olive

Pour le sirop de poire

70 g de sucre

5 cl de liqueur de poires ou de rhum

Sucre glace

9. Mélangez cette préparation à la crème à la ricotta.

10. Préparez le sirop : faites bouillir 10 cl d'eau avec le sucre pendant 3 min.
Laissez refroidir, puis ajoutez la liqueur.

Le montage

11. Dans un moule à tarte, placez 1 disque de pâte. Au pinceau, humidifiez-le de sirop de poire. Couvrez avec la crème ricotta-poires. Posez dessus le deuxième disque de pâte, puis humidifiez-le de sirop au pinceau.

12. Placez au congélateur environ 2 h avant de servir, ou 6 à 8 h au réfrigérateur. Saupoudrez de sucre glace.

maria luisa
PIZZE CLASSICHE
MARINARA 10.5
NAPOLETANA 10.5
MARGHERITA
ROMANA
CAPRESE
DIAVOLA
CAPRICCIOSA
VEGETARIANA
RICOTTA
4 FORMAGGI
SCAMORZA
DI PARMA
PANCETTA
CAPRETTA
PIZZE BIANCHE
RUCOLA 12
PARMA BIANCA/BRESAOLA 15
GORGONZOLA 14
CALZONI
NAPOLETANO 14
ALLA PARIGINA 14

GRAZIE MILLE

À toute l'équipe de la Maria Luisa (particulièrement à Luca, qui est avec nous depuis l'ouverture)

À toute l'équipe de la Luisa Maria (particulièrement à Gennaro, pour la réalisation des pizzas photographiées)

À toute l'équipe de La Madonnina,

À toute l'équipe de La Briciola,

À toute l'équipe de L'Altra

À nos associés Philippe (La Briciola) & Sébastien (L'Altra)

À Pierre Buisson (céramique culinaire de l'Atelier Buisson-Kessler)

Au quartier du canal Saint-Martin, et particulièrement à la rue Marie-et-Louise qui nous a accueillis,

À nos fidèles clients,

À nos amis, à nos familles,

À nos fournisseurs, qui nous livrent chaque jour des produits frais de qualité,

À l'équipe de Hachette (Juliette, Sophie et Guillaume),

À Louise, notre jolie icône et notre porte-bonheur.

Pour l'éditeur, le principe est d'utiliser des papiers composés de fibres naturelles, renouvelables, recyclables et fabriqués à partir de bois issus de forêts qui adoptent un système d'aménagement durable. En outre, l'éditeur attend de ses fournisseurs de papier qu'ils s'inscrivent dans une démarche de certification environnementale reconnue.

Direction : Catherine Saunier-Talec
Éditrice : Juliette Spiteri
Responsable artistique : Antoine Béon
Réalisation graphique : Laurent Besson
Préparation de copie et corrections : Christine Cameau
Fabrication : Amélie Latsch
Partenariats : Sophie Morier (smorier@hachette-livre.fr)

Dépôt légal : avril 2014
ISBN : 978-2-01-231807-6
23-23-1807-01-9
Impression par Impresia Cayfosa, Espagne.

www.hachette-pratique.com

facebook.com/hachettecuisine

PAPIER À BASE DE FIBRES CERTIFIÉES

hachette s'engage pour l'environnement en réduisant l'empreinte carbone de ses livres. Celle de cet exemplaire est de : 900 g éq. CO_2 Rendez-vous sur www.hachette-durable.fr

CUCINA, KUCHNI